Karl Heinzen

Was ist Humanität?

Ein Vortrag

Karl Heinzen

Was ist Humanität?
Ein Vortrag

ISBN/EAN: 9783743611016

Hergestellt in Europa, USA, Kanada, Australien, Japan

Cover: Foto ©Thomas Meinert / pixelio.de

Manufactured and distributed by brebook publishing software (www.brebook.com)

Karl Heinzen

Was ist Humanität?

Was ist Humanität?

Ein Vortrag

von

Karl Heinzen.

Herausgegeben vom
„Verein zur Verbreitung radikaler Prinzipien".

Preis 20 Cents.

Zu haben bei H. Lieber, Lock-box 93,
Indianapolis, Ind.

1869.

Was ist Humanität?

Zunächst ein eben so wohlfeiles wie beliebtes Wort, das Jeder im Munde führt, und einer der gangbarsten Ehren-Titel, auf den ohne Bedenken Alles Anspruch macht. Wer wird sich heutzutage, so weit die Welt sich zivilisirt, namentlich aber so weit sie sich christlich nennt, noch inhuman schelten lassen? Inhuman sind höchstens noch jene Wilden, die mehr Geschmack haben an dem menschlichen Christen fleisch, als an der göttlichen Christen l e h r e, und allenfalls jene „Infidels", die Beides gleichwenig goutiren können. Human aber ist, wer in die Kirche geht und Niemanden direkt todtschlägt; human ist, wer als Krösus einem armen Teufel ein Almosen hinwirft; human ist der Herr von Gottes Gnaden, der einen Unterthan wegen eines freien Worts bloß im Kerker lebendig begraben läßt, während er doch die Macht hat, ihn direkt im Kirchhof unterbringen zu lassen; human ist der Czar, der 50,000 Exemplare des genus homo gemüthsruhig niedermachen läßt, aber ohne jene inhumanen Sprengkugeln, welche so häßliche Wunden von Innen heraus verursachen; human ist der Sklavenhalter, der seine Sklaven besser behandelt, als seine Pferde; human ist der Pabst, der auf blutigem Pflaster Krethi und Plethi eigenhändig seinen unschätzbaren Segen ertheilt, ohne Unterschied und sogar ohne Bezahlung; human ist der Revolutionair, der den gestürzten Tyrannen großmüthig am Leben läßt, um später durch ihn seinen Kopf zu verlieren; human ist der Männergesangmann, der begeistert im Bierhause singt: „ehret die Frauen, sie flechten und weben" — und nach der Heimkehr die seinige dennoch nicht ganz todtschlägt, obgleich sie das männliche Vorrecht der Nachtschwärmerei nicht zu den Erfodernissen einer glücklichen Ehe rechnet; human ist auch der Temperenzmann, der das Laster der Trunksucht moralisch kurirt durch die physische Unmöglichkeit des Trinkens; kurzum die Welt wimmelt der Maßen von Humanität, daß es als eine unsinnige Anmaßung erscheint, über ihre bisherigen guten Absichten und segenreichen Leistungen noch hinausgehen zu wollen.

Trotz Dem müssen wir uns dieser Anmaßung schuldig machen indem wir in einigen allgemeinen Umrissen und Andeutungen die entscheidenden Erfodernisse wirklicher Humanität zusammenstellen. Die Antwort auf die Frage, wo und wie weit dieselbe in unserer heutigen Welt zur Anerkennung und Herrschaft gelangt sei, ergiebt sich dann von selbst. Wir alle streben nach ihr und fassen in ihr den Inbegriff aller Lebensideale zusammen. Es ist daher vor Allem nöthig, uns klar über Das zu werden, was sie von uns verlangt.

Der äußerste Gegensatz von Humanität ist Bestialität. Bestialität ist Thierheit und entspricht der Natur des Thiers. Das lautet einfach und erschöpfend. Eben so einfach könnte ich mit dem Satz beginnen: Humanität ist

Menschlichkeit und entspricht der Menschennatur. Aber bei dieser Zusammenstellung treffen wir sofort auf eine entscheidende Abweichung. Der Mensch unterscheidet sich vom Thier, trotz allen sonstigen Uebereinstimmungen, namentlich dadurch, daß er niemals wird, was er sein kann. Das Thier steht still, der Mensch schreitet fort; das Thier ist, der Mensch wird. Der Löwe war zu Alexanders Zeiten, was er heute ist. Der damalige Mensch würde in dem jetzigen schwerlich seinen Maßstab wiederfinden. Doch mit dem Satz, Humanität sei Menschlichkeit, stoßen wir auch auf eine Opposition der Mehrheit der Menschen selbst. Unter dem Menschen ist der Mensch allein zu verstehen, ohne Zuthat und ohne Entstellung. Wie viel Menschen aber begnügen sich mit sich selbst? Wie viele werden nicht gegen die Ehre protestiren, bloß Menschen zu sein? Wie viele trauen dem Menschen als solchem zu, menschlich sein zu können? Es hat mit dem bisherigen Menschen die eigenthümliche Bewandtniß, daß die Vorstellung von ihm mehr erfüllt ist von Dingen, die nicht zu ihm gehören, als von ihm selbst. Wenn wir uns ein Thier vorstellen, so nehmen wir das Thier an und für sich; wir haben das naturgeschichtliche Pferd vor uns, den Löwen, den Adler u. s. w., mit ihren eigenthümlichen Eigenschaften und ohne alle übernatürliche Zuthat. Den Menschen aber pflegen wir uns nur zu denken ausstaffirt mit einer außermenschlichen Bereicherung, er trägt einen göttlichen Kopfputz, der über die Wolken reicht, und einen teuflischen Schweif, der in die Tiefen der Erde hängt.

Wenn wir von Humanität, von Menschlichkeit reden, haben wir vor allen Dingen von dem schlichten Erdbewohner jede über- und unterirdische Vorstellung und Zuthat abzustreifen. Der h u m a n e Begriff scheidet jede theologische wie diabolische Beimischung aus. Wir haben den Menschen auf seine eigenen Füße zu stellen, auf seine Natur und Eigenschaften zu reduziren. Bei der Frage, was er könne und solle, wollen wir ihn nicht unter das Thier erniedrigen, dem wir die Fähigkeit zutrauen, aus eigener Kraft und eigenem Antrieb seine Aufgabe zu erfüllen. Sehen wir den Menschen als ein Instrument in der Hand einer fremden Macht an, so haben wir nicht mehr ihn, sondern diese Macht vor uns und können die Frage der Humanität auf sich beruhen lassen. Von s e i n e r Kraft, s e i n e r Fähigkeit, s e i n e m Willen, s e i n e n Zwecken ist dann nicht mehr die Rede und noch weniger von seiner Verantwortlichkeit. An die Stelle der Menschlichkeit tritt dann die Göttlichkeit, die sich des menschlichen Mediums bloß bedient, um sich zu manifestiren. Wollen wir fragen, was der Mensch sei, könne und solle, so muß er als eigenthümliches, selbstständiges, souveraines Wesen vor uns stehen, das weder von einem andren abhängt, noch auf ein andres verweis't. Die Humanität kann nichts als den Menschen wollen, auf nichts als den Menschen rechnen, an nichts als den Menschen glauben. Wie es heißt: „selbst ist der M a n n", so muß es auch heißen: selbst ist der M e n s ch. Was ihm von Außen angedichtet wird, um ihn zu erhöhen, kann ihn nur erniedrigen, sich selbst entfremden, mit sich selbst in Widerspruch bringen. Alles, was ü b e r menschlich ist, ist auch u n menschlich, oder menschenwidrig.

Deshalb kann auch der Mensch nur vom Menschen, nicht vom Theologen richtig beurtheilt werden. Und deshalb stelle ich den Satz voran, daß die Religion nicht bloß außer Stande ist, die Foderungen der Humanität zu erfüllen, sondern daß sie dieselbe grabezu ausschließt. Ja, die Religion, die vorzugsweise die Lehrerinn oder gar Schöpferinn der Humanität zu sein vorgibt, bildet einen direkten Widerspruch gegen sie, sollte sie auch noch so viel Handlungen vorschreiben, die in ihren speziellen Wirkungen human sein können. Sie raubt dem Menschen mit dem Bewußtsein der Souverainetät das eigene Motiv wie den eigenen Zweck; sie zerknickt in ihm den Trieb der Ehre, welche ihn vor sich selbst verantwortlich macht; sie verurtheilt seine höchste Kraft, die Vernunft, zum Selbstmord, um die Gläubigkeit auf ihr Grab zu setzen; sie macht ihm seine eigene Natur zum Gegenstande der Furcht; sie wendet ihn vom wirklichen Leben ab, welches das einzige Feld für seine humane Aufgabe ist, um ihn in einem eingebildeten zum seeligen Engel zu machen, der keiner Humanität mehr bedarf, oder zum verdammten Sünder, dem sie nicht mehr helfen kann; sie läßt ihm keinen freien Entschluß, sondern macht sein Wollen und Handeln nur zu einer Uebung des Gehorsams gegen ein fremdes Gebot; und wo die Selbstgenugthuung sein einziger Zweck sein sollte, drängt sie ihm als Motiv die Furcht oder die Beifallerwerbung vor einer s. g. höheren Autorität auf. Kurzum sie macht ihn zu einem geistigen Sklaven oder Kinde und sie sollte ihn zum Menschen machen? Sie sollte durch den dienenden Glauben schaffen können, was nur der vollen, bewußten Freiheit und Erkenntniß entspringt? Sie macht das Menschenthum zur Schande, ja zum Verbrechen und sie sollte lehren es auszubilden und zu veredeln? Sie verlegt die ganze Bestimmung des Menschen aus dem Leben hinaus und sie sollte die Humanisirung dieses Lebens als seine höchste Aufgabe anerkennen? Nein, die Religion schließt den ganzen Begriff des Humanen aus wie das Humane die Religion. Der Religiöse ist der verleugnete und aufgegebene Mensch; der Humane ist der anerkannte und hergestellte Mensch. Mit andren Worten: der Mensch beginnt, wo der Religiöse aufhört, und die denkende Befreiung von der Religion ist die eigentliche Menschwerdung.

Man faßt die Humanität gewöhnlich als eine bloße Sache des Gemüthes auf, die sich natürlich mit Gläubigkeit recht gut verträgt; sie ist aber vor allen Dingen eine Sache des intelligenten Bewußtseins. Deshalb kann weder das gute Herz, noch die Wohlthätigkeit, noch die Leutseeligkeit, noch die Menschenfreundlichkeit, noch das Mitleid, noch die s. g. Menschenliebe, noch irgend eine andre der schönen Gemüthstugenden, die wir im Verkehr mit unsern Mitmenschen üben mögen, die aber auch schon unter ganz rohen Völkern zu Hause sind, für sich allein Anspruch auf den Namen der Humanität verleihen. Es gibt ohne Zweifel manche religiöse Menschen, welche mit bester Absicht Alles erfüllen, was sie als Pflicht gegen ihre Mitmenschen ansehen, und um guter Zwecke willen einen hohen Grad von Selbstverleugnung erreichen. Ich würde mir ein Gewissen daraus machen, solchen Menschen weh zu thun, und ihnen gilt nichts von dem rücksichtlosen Spott, den religiöser Unsinn herausfodert; aber ich kann so wenig ihnen, wie dem lügenhaftesten Pfaffen, die Konzession machen, daß sie auf humanem Boden stehen, der nun einmal kein außer- und übermenschlicher sein kann. Auch werden sie selbst zugeben, daß auf humanem Boden niemals hätte wachsen können, was seit Jahrtausenden auf dem religiösen gewachsen ist. Der Boden ist verschieden, der Saamen ist verschieden und so werden stets auch die Früchte sein. Wo gelehrt wird, daß nur der geistarme Glaube seelig mache und daß der wahre Glaube sich bewähre durch Wahrhalten des Unmöglichen, da weilt kein humaner Denker, der nichts von der Armuth des Geistes hofft, aber Alles von der durch den Geist erforschten Wahrheit; aus einem todten, blutbeschmierten Kreuz, das selbst die gedankenlose Masse mit „Elend" zu verkuppeln pflegt („Kreuz und Elend"), sieht kein wahrer Mensch die Blüthen der Humanität hervorsprossen; nur der souveraine, heiter in die Welt schauende Erdensohn darf den Blick der Zustimmung auf sich ziehen durch die Selbstberufung: ecce homo! und dieser homo wendet sich mit Schaudern von einer Welt der Verzweiflung ab, über deren Eingang das Trostwort einladet: „Seelig sind die Trauernden und die Flennenden".

Man mag gegen solche Ausschließung der Religion protestiren durch die bekannten philosophischen Nachweise über den Entwicklungsgang, den die Menschheit zu machen hatte um auf dem langen Umweg durch die Wolkenregionen der Theologie und Metaphysik zu sich selbst zurückzukehren. Solche Nachweise können uns nicht beirren. Daß der Mann, bevor er werden konnte was er ist, ein Knabe gewesen und sein mußte, ändert nichts an der Thatsache, daß ein Knabe kein Mann und ein Mann kein Knabe ist. Daß der Mensch erst als selbstentäußertes und selbstverlorenes Wesen in einer leeren Glaubenswelt aufgeht, ehe er mit Bewußtsein seine Stellung in der wirklichen einnimmt; stößt die Thatsache nicht um, daß er nur in dieser Stellung als derjenige Mensch gelten kann, welcher dem Begriff der Humanität entspricht.

Was ist Humanität? Erste Antwort: **das selbstständige, souveraine Menschenthum.**

Es läge nun für einen Gläubigen nah genug, uns mit dieser Antwort an gewisse wilde Stämme zu adressiren, bei denen keine Spur von Glauben an ein „höheres Wesen" oder "höhere Mächte" zu finden ist, und die Frage zu stellen, ob etwa diese Wilden mit ihrem souverainen Menschenthum den Begriff der Humanität ausfüllen? Diese durchaus berechtigte Frage führt zu dem zweiten Haupterforderniß der Humanität, welches die **Kultur** liefert. Die Humanität kann nur der Anlage nach etwas Angeborenes sein; sie ist etwas durch Entwicklung Errungenes und wenn auch die Natur ihre Quelle ist, so ist doch nicht die Natur**rohheit** ihr Element. Der bloß negative Vorzug, nicht an eine imaginaire Welt hingegeben zu sein, kann dem Menschen noch keinen positiven Inhalt für die wirkliche verleihen. Diesen hat er erst zu erringen durch die Entwicklung seines Geistes und durch die Schöpfungen, womit derselbe sein Dasein erfüllt. Es sind hauptsächlich vier Richtungen, in denen der menschliche Geist seiner Anlage und seinem Bedürfniß nach sich entwickelt und manifestirt: die staatliche, welche zu den Einrichtungen des gesellschaftlichen Beisammenlebens, die sittliche, welche zu den Gesetzen der gegenseitigen Rücksichten in einem vernunftgemäß geführten Leben, die wissenschaftliche, welche zu der Erkenntniß der Welt, und die künstlerische, welche zu der Wiedergestaltung des aus der Welt Empfangenen hinleitet. Ohne diese vierfache Entwicklung, welche mit dem Wort Kultur zusammengefaßt wird, ist keine Humanität denkbar und ohne die Bildung, welche den Antheil bezeichnet, den der Einzelne aus diesem Kulturschatz sich aneignet, hat keiner ein Recht sich human zu nennen. Der rohe Atheist, der auf der Bierbank gegen die Religion poltert und auf diese wohlfeile Weise sich in die Gemeinschaft humaner Menschen einweihen zu können glaubt, irrt sich also eben so sehr, wie der rohe Katholik, der allen menschlichen Anfoderungen durch Beten und Fasten, Beichten und Büßen genügt zu haben glaubt.

Was ist Humanität? Zweite Antwort: Die Bildung.

Bei Aufstellung dieses Erfordernisses würde aber eine abschreckende Strenge in das Gegentheil von Humanität umschlagen. Die Bildung ist ein weiter Begriff und Millionen ermangeln derselben ohne Schuld, oder dürsten nach ihr ohne die Macht sie zu erlangen. Wir brauchen, um ein humanes Bildungsmaß zu erreichen, weder sämmtlich studirte Staatsmänner, noch Kunstphilosophen, am Wenigsten aber teutsche Professoren zu sein. Gelehrsamkeit ist, wie hundert Beispiele darthun, eben so gut verträglich mit Dummheit wie mit Schlechtigkeit und die Humanität kann keine von beiden gebrauchen. Dagegen bringt sie die Gesinnung so hoch in Anschlag wie die geistige Schulung. Wo sie ein, mit den nöthigen Hülfsmitteln der Verständigung ausgerüstetes Begriffsvermögen vorfindet, das ein lebendiges Verlangen nach Weiterbildung, ein ernstes Bedürfniß nach Wahrheit, ein reges Interesse für das Gemeinwohl und einen empfänglichen Sinn für Veredlung hat, da wird sie freudig ihre Thüre öffnen und den Zuwachs ihrer Gemeinschaft begrüßen. Sie wird sie aber sicher vor Denen hüten, welche, unbekümmert um die inneren Bedingungen der Bildung, derselben theilhaftig zu werden glauben durch bloßen Schein, durch eine äußere Stellung, durch eine imponirende Gemeinschaft mit klingendem Namen, oder durch eine einseitige Virtuosität. Wenn am Tempel der Humanität Einlaß verlangt wird von einer Standesperson, einem Kasinomitglied, einem Freimaurer, einem Ordensbruder, einem Turner, einem „sozialen" Arbeitervereinsmitglied, einem Männergesangmann, der mit voller Börse ausgerüstet, oder mit Schärpen, Schurzfellen, Bändern und allen möglichen Auszeichnungen behängt erscheint, dabei aber gestehen muß, daß er für nichts Andres Sinn hat, als für materiellen Erwerb und materiellen Genuß, daß er die Politik verwünscht, die Wahrheit für Luxus hält, den geistigen Verkehr flieht und durch seine spezielle Fertigkeit allen Erfodernissen der Veredlung Genüge geleistet zu haben glaubt, so schließt die Humanität vor der Hand die Thüre, wird praktisch, spricht Englisch und ruft: No admittance!

Wie aber wird sie einen Vertreter jener höheren Regionen empfangen, in denen die Souverainetät auf Erden zu Hause und die Bildung ein selbstverständliches Attribut der Person ist? Friedrich II war, wie es heißt, ein Atheist. Er war also nicht bloß ein souverainer Fürst, sondern auch ein souverainer Geist. Daß er überdieß Bildung besaß, bezeugen seine Schriften. Zugleich rühmen ihn die meisten Geschichtschreiber als einen eben so liberalen wie aufgeklärten Regenten, der sogar „milde ward über Sklaven zu herrschen", nachdem er sie nämlich bis zum Ueberdruß benutzt hatte. Wird ihm die Humanität nicht recht weit ihre Thüre öffnen? Sie schließt sie empört bei seinem Anblick zu und schiebt alle

Riegel vor, denn auf seiner Stirne steht die Brandmark „**Majestät**". Ueber dem Thore des Tempels der Humanität aber steht das leuchtende Wort **Gleichheit**.

Die Gleichheit der Menschen nach Recht und Stellung verschwand zu der Zeit, wo die Zivilisation begann in Waffen aufzutreten. Sie wiederzufinden, hatten sie einen langen Weg durch die barbarischen Zwischenzustände völliger Rechtlosigkeit zurückzulegen und auf diesem Wege sind die Menschen so bescheiden und genügsam geworden, daß sie ein angeborenes Privilegium irdischer Halbgötter willig anerkannt, daß sie die übermenschliche Stellung, welche ihre Unterdrücker sich angemaßt, zuletzt wie eine Natureinrichtung gar nicht mehr in Frage gestellt haben und ein geringerer Grad von Druck Alles war, was sie von denselben erhofften und erbaten. So geschah es, daß schon ein Quentchen mehr Gehirn, ein geringer Unterschied in der Hitze des Bluts, eine etwas bessere Verdauung, eine größere Dosis guter Laune den einen Unterdrücker zum Gegentheil des andren machen konnte. Hatte ein gottbegnadeter Volkspeiniger einen Knoten weniger an der Peitsche, als sein Vorgänger, oder hatte seine Peitsche einen helleren Knall, als die eines andren, so reichte das schon hin, ihm den Beinamen des Gütigen, ja des Humanen einzutragen. Jeder Fürst, jeder Herr von Gottes Gnaden, er sei von Person wie er wolle, steht von vorn herein außerhalb des Gebiets der Humanität wie er außerhalb der übrigen Menschen steht. Seine ganze Stellung, der ganze Charakter, den er sich anmaßt, schließt ihn aus als ein feindliches Wesen. Er muß inhuman sein durch Das, was er ist, wenn er es nicht sein sollte durch Das, was er thut. Mag er ein Marcus Aurelius, oder ein

Nero sein, das Wort human bleibt nicht an ihm haften. Kein Verbrechen kann ihn inhumaner machen, als ihn von Hause aus schon sein Titel macht; keine Tugend kann gut machen, was er durch seine bloße Existenz verbricht. Das Grundverbrechen, welches ihn aus der humanen Gesellschaft ausschließt und ihn sittlich vogelfrei macht, ist die Anmaßung, ein spezifisch unterschiedenes, höheres Wesen über seinen Mitmenschen zu sein, die er hierdurch sämmtlich auf eine Stufe der Rechtlosigkeit und Erniedrigung hinabstößt. Durch Schaffung des Unterthans tilgt er den sittlichen Menschen gradezu aus, oder prostituirt ihn, den begabtesten wie den stumpfsten, zum halbthierischen Idioten, dessen höchste Fähigkeit und Ehre sein soll, sich ihm als dem angebeteten Götzen zu widmen und zu opfern. Verlangte er bloß Dienst, so wäre er bloß ein Gewaltmensch; aber er verlangt zugleich Götzendienst und das macht ihn zu einem außermenschlichen Monstrum, auf welches menschliche Begriffe und Rücksichten keine Anwendung mehr finden. Majestät ist das monströseste wie empörendste Wort, das die Sprache kennt. Es stachelt allen Stolz des menschlichen Bewußtseins mit allem Haß wider die menschenwidrige Lüge gleichzeitig auf und kann keinen andren Gedanken erwecken, als: Vernichtung. Wer einen Fürsten nicht als Unmenschen haßt, kann sich selbst nicht als Menschen achten. Wer die Fürsten aus der Welt schafft, rächt dadurch nicht bloß die Unterdrückten, die von ihnen geknechtet werden, sondern die ganze menschliche Race, die von ihnen erniedrigt wird.

Dem Fürstenthum gegenüber, aber als seine passive Ergänzung, steht das Unterthanenthum. Der Unterthan ist passiv so inhuman wie der Fürst es aktiv ist, und die

Niedertracht des Einen ist so verachtenswerth wie die Ueberhebung des Andren hassenswerth ist. Er ist zwar ein Objekt der Humanität, kann aber niemals, so wenig wie der Sklave, ihr Vertreter sein. Er erhebt sich erst auf das Niveau der Humanität wenn er sich gegen sich selbst empört, wenn er seine Erniedrigung inne wird und der freie Mensch in ihm erwacht. Unter dem Republikaner gibt es keinen wahren Menschen. Die „konstitutionellen" Liberalen, die ihren König hoch leben lassen, würden den Ruf nicht mehr über ihre Lippen bringen, wenn sie fähig wären zu begreifen, was zu einem Menschen gehört.

Eine untergeordnete Kategorie des Fürstenthums, in dessen Abglanz sie schillern, bilden jene Helden des Stammbaums, die sich als s. g. Adel über die übrigen Menschen zu erheben suchen. Ich übergehe sie, um nicht an ungeeigneter Stelle einen komischen Eindruck zu machen. Diejenigen Humanitarier, die von der Einbildung leben, daß „erst beim Baron der Mensch beginnt", werden von selbst mit ihren allerhöchsten Idealen verschwinden, mit denen der Unmensch aufhört. Dagegen muß ich einer andren Sorte von Menschenfreunden näher gedenken, die namentlich in diesem Lande zur Verwirrung der Humanitätsbegriffe beigetragen haben. Wie drüben von humanen Fürsten, so haben wir hier von humanen Sklavenhaltern reden gehört. Es waren namentlich solche, welche ihr zweibeiniges Vieh nicht ausschließlich mit der Peitsche regierten, oder dasselbe durch ein Testament unter die Menschen versetzten für eine Zeit, wo sie selbst nicht mehr im Stande waren, sie als etwas Anderes zu behandeln. Man muß zugestehen, daß ein Sklavenhalter einen etwas geringeren Grad von Unmenschlichkeit repräsentirt, als ein

Fürst: er kauft und verkauft zwar Menschen wie dieser, aber er läßt sie bloß für sich arbeiten und füttert sie dafür, während der Fürst sie nicht bloß für sich arbeiten läßt, ohne sie zu füttern, sondern sie auch zwingt für ihn zu schlachten und sich schlachten zu lassen. Dann aber versteigt sich der Sklavenhalter nicht zu der Prätension, über dem Menschengeschlecht zu stehen, während er den Sklaven unter dasselbe erniedrigt. So müssen wir denn allerdings zugeben, daß die Distanz zwischen dem Sklaven und dem Sklavenhalter nicht so groß ist wie die zwischen dem Unterthan und dem Fürsten, aber dennoch kann nur der Hohn das Wort human in einem Verhältniß verwenden, das prinzipiell durch eine unüberschreitbare Scheidelinie von dem Gebiet der Menschlichkeit abgeschnitten ist. Wer mit Menschen handelt, kann nicht zu ihnen gehören und sollte er sie auf Händen tragen. Wer ein Eigenthumsrecht auf Menschen anerkennt, ist ein Unmensch und sollte er der wohlwollendste Patriarch sein. Der Sklavenhalter und der Fürst liefern die grellste Illustration zu der Wahrheit, daß von Humanität nur Rede sein kann in dem Verhältniß von Mensch und Mensch, die gleichartig mit einander verkehren. Wenn es humane Fürsten und Sklavenhalter gibt, so gibt es auch humane Mörder.

Was ist Humanität? Dritte Antwort: **Gleichachtung der Menschennatur, Gleichartigkeit aller Menschen.**

Aus der Gleichartigkeit aber folgt auch unmittelbar die **Gleichberechtigung**. Mit dem gleichen allgemeinen Menschenrecht in allen Dingen, welche zur Sicherung, Beglückung, Veredlung und Verschönerung der menschlichen Existenz gehören, haben wir erst die Grundlage und

Möglichkeits-Bedingung der Humanität für das gesellschaftliche Leben gewonnen. Auf ihm beruht auch alle menschliche Moral. Die humane Moral ist eine ganz andre, als die religiöse. Sie kennt weder außermenschliche Vergehen, noch außermenschliche Pflichten. Die Anerkennung des gleichen allgemeinen Menschenrechts ist ihre Pflicht, die Verletzung desselben ist ihr Vergehen. Dabei weist sie mit Entschiedenheit jenes täuschende und naturwidrige Surrogat zurück, womit die Religion an dem im Stich gelassenen Recht vorbeizukommen sucht und welches sie die allgemeine Liebe nennt. Wie diese Liebe die Humanität gefördert hat, für deren Mutter sie ausgegeben wird, erzählt die Geschichte seit 19 Jahrhunderten. Beim bloßen Hinblick auf diese Geschichte mag Jeder sich selbst die Frage beantworten: was würde die Humanität eher zur Herrschaft gebracht haben, das Recht ohne die Liebe, oder die Liebe ohne das Recht? Verabscheut euch unter einander, wenn ihr euch nicht lieben könnt, das ist Sache eures freien Geschmacks, aber erkennt euch in allen Dingen die gleichen menschlichen Rechte zu, das ist das unbeugsame Gebot eurer Vernunft. Diesem lieblosen Gebote folgend werdet ihr vor der Verräther-Liebe gesichert sein, womit ihr euch bisher belogen und betrogen, ausgenutzt und unterdrückt, verfolgt und unter die Erde befördert habt. Wenn es kein schöneres und edleres Verhältniß im Leben gibt, als dasjenige, in welchem zwei Menschen in gegenseitiger Hingebung und Ergänzung eine gemeinschaftliche Existenz führen, so gibt es kein widerwärtigeres und abscheulicheres, als dasjenige, in welchem der eine Mensch den andren bloß ausnutzt und mißbraucht. Es erweckt die Vorstellung von jenen unheimlichen Thieren, die andre lebendig aussaugen und verzehren. Solche Verhältnisse unter den Menschen aber sind nicht bloß geduldet, sondern gefördert worden von jener allgemeinen Liebe, welche kein allgemeines gleiches Recht auf das Leben kennt, welche „dem Kaiser gibt, was des Kaisers ist", welche die Unterdrückten und Elenden mit dem Schwindel eines künftigen Lebens tröstet, welche gegen Mißhandlung kein besseres Mittel zu empfehlen weiß, als die Bereitwilligkeit zur Ertragung neuer Mißhandlungen, und welche die noch immer von oben herab so meisterhaft geübte Kunst erfunden hat, Tausende mit ein Paar Broden zu speisen. Diese hassenswerthe Liebe, die gegen die Natur geht und deshalb niemals Wahrheit werden konnte, hat auch die Natur durchaus gefälscht. Das Recht aber ist eben ein Kind der Natur. Zu seiner Begründung bedürfen wir keiner philosophischen Untersuchung, keiner religiösen Offenbarung und keiner juristischen Spitzfindigkeit, sondern nur einer einfachen Definition der Naturfoderung. Mit jeder angeborenen **Fähigkeit** ist die **Natur-Nothwendigkeit** ihrer Entfaltung und mit jedem angeborenen **Bedürfniß** die **Naturnothwendigkeit** seiner Befriedigung für jedes lebende Wesen festgestellt. Diese Naturnothwendigkeit als gegenseitiges Recht anzuerkennen, bedarf es unter gleichartigen Wesen bloß der Uebertragung des Bewußtseins derselben vom einen auf das andre dieser Wesen. Bewußtlos gestehen sich schon gleichartige Thiere, namentlich die gesellschaftlich lebenden, Alles unter einander zu, was ihre Natur an Kräften zu entfalten und an Bedürfnissen zu befriedigen hat. Jeder Mensch trägt das Recht seines Nebenmenschen in sich. Sein Ich in den Andren versetzt, der ihm gleichartig gegenübersieht, sagt ihm sofort, was der Andre von ihm zu fordern hat. Meine Natur mit ihren Bedürfnissen und Ansprüchen in meines Gleichen gedacht ist die Erkenntniß seines gleichen Rechts. Dieser Erkenntniß auszuweichen, ist mir als vernünftigem Wesen unmöglich. Verletze ich das erkannte Recht dennoch, so weiß ich, daß ich nicht nur gegen meine Vernunft, sondern gegen die Natur rebellire, und die Unerträglichkeit dieses Bewußtseins muß sich steigern mit der Kulturstufe, auf der ich stehe. Will ich die Disharmonie, welche die Rechtsverletzung erzeugt, nicht durch Rückkehr zur Rechtsanerkennung lösen, so bin ich genöthigt, bei der Rechtsverletzung Gegenseitigkeit gelten zu lassen, also den Kriegszustand als Rechtszustand anzuerkennen. Diese Konsequenz aber schlösse die unwahre, naturwidrige Folgerung ein, es sei mein Bedürfniß, von Andren eben so wohl in meinen Rechten verletzt zu werden, wie Andre in den ihrigen zu verletzen.

Das Bewußtsein, daß jeder andre Mensch bedarf, was ich bedarf, daß kein andrer wünschen kann, was ich selbst zurückweisen muß, daß jede Handlung, wodurch ein Andrer meinen Widerstand herausfodern würde, den Widerstand des Andren rechtfertigt, wenn ich sie gegen ihn kehre, dieses einfache, aus der Menschennatur entwickelte Bewußtsein, klar ausgebildet und tief eingeprägt, ist die beste Garantie aller Menschenrechte und die Grundlage aller humanen Moral. Man bringe es mit allen seinen Konsequenzen durch alle Lebensverhältnisse und Staats-Einrichtungen zur Geltung und man wird im Geist die Umrisse eines Gesellschaftsgebäudes erstehen sehn, in welchem keine unnöthige Thränen geweint und keine vergebliche Klagen gehört werden, in welchem es keine Herrn und keine

Knechte, keine Nabobs und keine Bettler, keine Bevorzugung und keine Verwahrlosung gibt. Und das Alles ohne jene „Liebe", welche, das Recht umgehend, sich selbstzufrieden in Lüge bläht, in Elend watet und in Blut erstickt.

Was ist Humanität? Vierte Antwort: **Das gleiche allgemeine Menschenrecht** auf Alles, was das Leben sichert, veredelt, verschönert und glücklich macht. Mit andren Worten: „Freiheit, Wohlstand, Bildung für Alle!"

Das allgemeine Menschenrecht umfaßt nicht bloß **alle** Menschen, es umfaßt auch den **ganzen** Menschen mit allen seinen Fähigkeiten, Bedürfnissen, Zwecken und Idealen. Es kann daher der Humanität auch nicht genügen, es einseitig oder theilweise anzuerkennen und zu befriedigen. Der Wiener Kongreß schaffte die Sklaverei ab — wer wollte ihn human nennen? Der Banquier Peabody hat zehn Millionen zum Besten der Armen hergegeben. Der nämliche Peabody nahm als höchste Anerkennung das geschenkte Portrait einer Königinn an, die nichts für die Armen thut. Der nämliche Wohlthäter würde keinen Cent hergeben für Befreiung der Völker von ihren Unterdrückern, oder für die Aufklärung verdummter Köpfe, oder zur Gründung einer Assoziation von Arbeitern, die für Hungerlohn einen Fabrikherrn zu einem zweiten Peabody machen. Sollen wir ihn human nennen? Wir wollen ihm den Titel eines Wohlthäters nicht versagen. Aber die Humanität muß danach streben, die großen Wohlthäter möglichst abzuschaffen, sie muß es dahin zu bringen suchen, daß es weder Peabody's mehr geben könne, noch Proletarier, die ihnen die Last ihres Ueberflusses abnehmen. Die Wohlthätigkeit ist ein Palliativmittel gegen Elend und

Verwahrlosung zum Besten Einzelner und in beschränktem Kreise. Doch würde sie den Anforderungen der Humanität selbst dann nicht entsprechen, wenn sie sich über die ganze Gesellschaft mit allen ihren Bedürfnissen erstrecken könnte. Eine menschliche Befriedigung kann nicht durch das Belieben und die Gunst einzelner Bevorzugten geschaffen werden, welche Andre mit ihrem Ueberfluß und ihrer Macht begnadigen, sondern nur dadurch, daß jedes Mitglied der Gesellschaft durch Ausübung der gleichen Rechte und Benutzung der allgemeinen Mittel die gleiche Möglichkeit erhält, seines eigenen Glückes Schmied zu sein.

Doch die Defekte der landläufigen Humanität treten uns in noch weit grelleren Widersprüchen entgegen. Daß das allgemeine Menschenrecht alle Menschen umfaßt, die schwarzen wie die weißen, die rothen wie die gelben, hat man endlich allgemein entdeckt auf den Schlachtfeldern eines Kriegs, der eine halbe Million Menschen verschlungen. Seit jener Zeit ist das allgemeine Menschenrecht in Aller Munde. Nur wird dabei noch immer ein kleiner Vorbehalt gemacht: man adressirt sich an alle Menschen und schließt dabei die Hälfte derselben, und zwar die menschlichste Hälfte, ohne Weiteres aus. Nachdem man die Hautfarbe als äußeres Unterscheidungszeichen hat fallen gelassen, wird man grünblich, dringt in's Innere und stellt einen Unterschied der Knochen auf. Das ist osteologische Humanität oder humane Osteologie. Man nennt es einen Unterschied der Geschlechter, aber die ultima ratio dieser Unterscheidung sitzt eben in den Knochen. Trotz allem gleichen Menschenrecht haben die Besitzer der stärkeren Knochen die Aufgabe, den Trägerinnen der schwächeren die „Sphäre" ihrer Thätigkeit und ihrer Rechte vorzuschreiben. Unter allen diesen starken Knochenherrschern gibt es schwerlich einen einzigen, der nicht schon vor einem Weibe sein Knochengerüste auf die Kniescheibe gesenkt und sie als seinen „Engel" und seine „Göttinn" um Mitgefühl für seine schwache Menschlichkeit angefleht hätte. Merkwürdig, daß das Weib eine so hohe Begabung und einen so himmlischen Charakter in dem Augenblick besitzt, wo die männliche Osteologie eine so niedrige und thierähnliche Gestalt annimt. Oder soll man sagen, der Mann sei dem Weibe gegenüber nur da Mensch, wo er als Liebesnarr seine Knochen vor ihm demüthigt? Wir wollen ihm hier die weitere Untersuchung erlassen und hoffen, daß er auch lernen wird, aufrecht stehend ein Mensch zu sein; wir wollen hoffen, daß einst Jeder, der sich Mann nennt, nicht bloß gerecht, sondern auch stolz genug sein wird, vollständig Diesjenige sich gleichzuachten und gleichzustellen, die er liebt und die ihn geboren hat. Genüge es, ihm das Prognostikon zu stellen, daß er alle Rechte des Weibes anerkennen wird, sobald er humanisirt genug ist, die seinigen in ihrer Gesellschaft auszuüben. Das Weib wird dem Manne gleichstehen an Rechten, sobald er ihr gleichstehen wird an Menschlichkeit. Gewöhnlich handelt es sich bei der Zuerkennung von Rechten um die Reife Derer, welche sie empfangen sollen; die Männer sind aber den Weibern gegenüber in der seltsamen Lage, daß sie erst reif werden müssen, Rechte zu gewähren.

In dem Gesagten sind nun die Hauptbedingungen zusammengestellt, ohne welche wirkliche Humanität nicht denkbar ist. Sind sie stichhaltig, so folgt daraus für jeden einzelnen Menschen wie für jede Gemeinschaft von Menschen, daß sie nur in dem Maße human sein können, in welchem sie jene Bedingungen erfüllen. Gegen diese Konsequenz hilft ihnen kein Sträuben und keine Ausflucht. Wir hätten nun noch, um die Uebersicht möglichst zu erweitern, aus dem reichen Material, welches das Gebiet der Wirksamkeit oder Bethätigung der Humanität darbietet, ein Paar Fragen herauszugreifen, die einer besondren Klarstellung bedürfen.

Die erste dieser Fragen betrifft die Zurechnungsfähigkeit und Verantwortlichkeit des Menschen in seinem Verhältniß zu Andren. Wir haben zwar gesehen, daß die Fähigkeit zur Erkenntniß der allgemeinen Rechte Jedem eingeboren ist; aber jetzt erhebt sich die Frage: wie weit kann er verantwortlich gemacht werden, sie auch zu respektiren? Der Mensch ist ein Geschöpf der Umstände. Er hat seine Herkunft mit ihren unabänderlichen Folgen nicht bestimmen können, noch hat er seine Erziehung in der Gewalt, noch kann er seine Umgebung beliebig wählen, noch ist er im Stande sein angeborenes Temperament zu ändern. Was alle diese Einwirkungen aus ihm machen, dafür kann er nicht verantwortlich sein; wie sollte er es also sein für Das, was aus dem Resultat dieser Einwirkungen entspringt? Konsequenter Weise würde hiernach Das, was wir freien Willen nennen, gar nicht existiren, unsre Handlungen wären nur die Folgen einer unbeherrschbaren Nothwendigkeit, eines unabänderlichen Müssens und könnten als solche einer sittlichen Schätzung so wenig als Vergehen wie als Tugenden unterliegen.

Diese Lehre von der Unzurechnungsfähigkeit und Unverantwortlichkeit beruht aber, wenn sie in solcher Allgemeinheit und Ausdehnung aufgestellt wird, auf einem Trugschluß. Sie umgeht den entscheidenden Punkt, indem sie

von der Intelligenz als birigirender Macht vollständig
abstrahirt. Ohne Intelligenz gibt es allerdings weder
freien Willen, noch Verantwortlichkeit und wenn die Ge=
sellschaft ihre verwahrlos'ten Mitglieder wegen Handlungen
zur Verantwortung zieht, die eben aus dieser Verwahr=
lösung entspringen, so hat sie dabei wahrlich keine S ch u l d
geltend zu machen, sondern höchstens Rücksichten der öffent=
lichen Sicherheit und des praktischen Nutzens. Wo aber
die Intelligenz bis zu der Fähigkeit entwickelt ist, zwischen
Recht und Unrecht zu u n t e r s ch e i d e n, da ist auch die
Fähigkeit vorhanden, zwischen Recht und Unrecht zu w ä h =
l e n und d i e s e Fähigkeit ist es, welche den freien Willen
wie die Verantwortlichkeit konstatirt. Umstände mögen
in solchem Fall die Wirkung haben, das Urtheil zu mobi=
fiziren, aber sie können nicht den Grundsatz umstoßen, auf
den es sich stützt und den man kurz in die Worte fassen
könnte: Erkenntniß ist freier Wille und Verantwortlichkeit.
Eine geistreiche Frau hat den Satz aufgestellt: „Alles be=
greifen, heißt Alles verzeihen". Dieser Satz enthält eine
sehr humane, aber auch eine sehr gefährliche Moral. Es
wird mancher Unglückliche als Verbrecher behandelt, den
die Humanität freispricht wenn sie den Gang seiner Ent=
wicklung und die Einwirkungen seiner Schicksale in Be=
tracht zieht; aber wohin würde die Moral des Allverzei=
hens führen, wenn sie einen Freipaß den großen Frevlern
ausstellte, deren Handlungen nur auf eine bewußte Will=
kür und Mißachtung der Rechte Anderer zurückzuführen
sind? Wie ein L. Napoleon dazu kam, sich heuchlerisch
in das Vertrauen der Republik einzuschleichen, ihr den
falschen Eid der Treue zu schwören, sie dann bei Nacht
tückisch zu ermorden und sich über die Leichen von Greisen

und Kindern den Weg zum Kaiserthron zu bahnen — alles. Das können wir ganz genau „b e g r e i f e n"; was jedoch das „V e r z e i h e n" betrifft, so werden wir alle der Meinung sein, daß es humaner wäre, den Mörder zu erschießen, als mit ihm seinen Despotismus fortleben zu lassen.

Wie aber würde eine solche Exekution zu bezeichnen sein? Wäre sie eine „S t r a f e"? Diese Annahme wäre schon deshalb ohne Sinn, weil keine Strafe denkbar ist, die mit den Verbrechen jenes Scheusals nur entfernt im Verhältniß stände. Nein, die Humanität kennt keine Strafe, so wenig wie sie deren Mutter, die Rache, kennt, ohne sich übrigens hierdurch zu der christlichen Lehre von der doppelten Ohrfeige zu bekennen. Was die Welt als Strafe bezeichnet, ist nichts Andres, als die dem Einzelnen abgenommene und im Namen des Staats oder „Gottes" geübte Rache. Strafe kann, wie Rache, keine Beleidigung, kein Leiden, kein Unrecht ungeschehen machen, ist also vor der Vernunft nicht zu rechtfertigen. Die staatliche Rache ist aber um so unsinniger und barbarischer, da sie keinem lebendigen Gefühl einer wirklichen Beleidigung entspringt, also auch dieser einzigen Entschuldigung des Rachegefühls entbehrt, und überdieß nach einem festen, unabänderlichen Maßstab ihre Vergeltung mißt. Das englische Strafgesetz läßt einen Dieb hängen, den der Bestohlene vielleicht noch beschenken würde, wenn er seine Noth und seine Motive kennte. Mit Dem, was wir Rache und Strafe nennen, kann die Humanität keine andre rationelle Zwecke verbinden, als den der Entschädigung, oder den der Abschreckung vor Wiederholungen, oder den der Unschädlichmachung, oder den der Besserung. Der Zweck aber, durch L e i d e n eine S c h u l d zu sühnen, eine That an sich gleichsam aufzuheben durch eine entsprechende Quälung des Thäters, oder durch ein solches Mittel einem Moral- und Rechts-Begriff genug zu thun, hat keinen Sinn und gehört in die barbarischen Vorstellungen längst vergangener Zeiten. Er leitet vollens vom Wege der Humanität ab, wenn er im Dienst der religiösen Moral im Gebiet der „Sünde" auf die Jagd geht. Diese Moral, welcher die menschliche Natur an sich sündhaft ist, macht Jeden zum Verbrecher, der den Trieben dieser Natur folgt ohne durch religiöse Erlaubniß entsündigt zu sein. Die menschliche Moral weiß von keinem Bösen in der Natur und findet in der Befriedigung ihrer Triebe nur dann ein Unrecht, wenn damit ein Unrecht gegen einen andren Menschen verbunden ist. Die menschliche Natur an sich in den Bann zu thun, weis't die Humanität als eine Schändung derselben zurück und, sich ihrer zu schämen, erscheint ihr nur dann nicht als Wahnwitz, wenn Maßlosigkeit und Leidenschaft sie auf das Niveau des Lasters herabzieht.

Wie es das Bestreben der Humanität ist, durch die Sicherung allgemeiner gegenseitiger Anerkennung und Förderung aller menschlichen Rechte und Interessen eine vernünftige Harmonie in einer veredelten Gesellschaft zu begründen, so muß es natürlich auch ihre Aufgabe sein, etwaige Differenzen auf dem Wege vernünftiger und friedlicher Verständigung zu schlichten Sie will den Staat der Nothwendigkeit entheben, Krieg gegen die eigenen Bürger zu führen; wie sollte sie die Nothwendigkeit wollen bestehen lassen, Krieg unter verschiedenen Staaten zu führen? Es wäre reine Wortverschwendung, wollte ich noch darthun, daß und warum die Humanität den Krieg, diese blutige Ausgeburt zivilisirter Barbarei, die nur bestehen kann so lang es noch Fürsten und Unterthanen gibt, verdammt und Alles, was zu ihm gehört und an ihn erinnert, von der Kanone bis zur Uniform, vom Erdboden muß zu vertilgen suchen. Aber es ist nicht überflüssig, darauf aufmerksam zu machen, wie wenig die Liebhaberei am Krieg, den äußerlich Alles beklagt und verwünscht, bis jetzt innerlich in den Gedanken und Neigungen der Menschen zerstört ist. Wie wäre es sonst möglich, daß der Kriegsruhm noch jeden andren überstralte? Daß die Auszeichnung auf dem Schlachtfelde noch jede andre verdunkelte? Daß die s. g. Kriegshelden so ungetheilte und allgemeine Bewunderung erregten? Und daß die Theilnahme am Kriege, möge er geführt werden wofür er wolle, nirgendwo als eine Degradation, eine Schande, ein Verrath an der Menschheit und Menschlichkeit gilt? Das sprechendste Zeugniß aber liegt in der Thatsache, daß die Kunst, deren Verdienst doch in der Verschönerung und Veredlung des Lebens, der Idealisirung aller ächt menschlichen Leistungen und Gestalten bestehen sollte, noch immer in der Verherrlichung der Menschenschlächterei und ihrer Meister eine ihrer höchsten Aufgaben erblicken darf. Welchem Poeten, welchem Maler, welchem Bildhauer wird es verdacht, wenn er sich noch im 19. Jahrhundert für diese Metzgerglorie, Blutromantik, Amputationsleidenschaft und Pulverdampfpoesie begeistert? Wer verdammt diesen Geschmack als barbarisch und diese versifizirte, kolorirte und zifelirte Propaganda für die Mörderei im Großen als verbrecherisch? Wenn das Mordhandwerk ein zusagendes Objekt für die Kunst ist, wie kann es dann ein abschreckendes Bild im Leben sein? So lang man die Schlachtendichter und Schlachtenmaler nicht aus dem Kunsttempel hinauswirft, haben die Schlachtenlieferer keine Ursache, für ihr Handwerk und ihre Popularität zu fürchten. Verstände ich den Pinsel zu führen, ich würde in einem Schlachtgemälde einen Napoleon darstellen, wie er, zwischen Haufen zersetzter Leichen und die Stiefel bis über die Sporn im Blut, ausruhend auf einer Trommel sitzt, lächelnd einen Schluck aus der Feldflasche eines Korporals nimt und seine überlebenden Mordknechte begeistert schreien hört: vivo l'emporeur!; oder ein andres, worin er beim Uebergang über die Beresziua mit grinsender Satisfaktion auf das Verzweiflungsgewühl seiner untergehenden Opfer blickt und zu seinem Begleiter die humanen Worte spricht: „voyez ces crapeaux"! Das wären Schlachtgemälde, worin die Kunst des Malers mit der Gesinnung des Menschen zusammenwirkte. Aber unsre Schlachtenmaler sind gedanken- und gesinnungslose Pinseler, die dem Pöbel und seinen Popanzen zu lieb die barbarische Kunst der Menschenvertilgung mit ihren Bravour- und Meisterstücken idealisiren und verherrlichen, ohne durch den Einspruch einer humanitären Kritik zur Besinnung gebracht zu werden. Wo finden wir überhaupt die Foderung geltend gemacht, daß die Kunst sich vor dem Richterstuhl der humanen Gesinnung und des humanen Denkens zu verantworten habe? Wenn Natur und Sinn des Kunst-Objekts gleichgültig sein und nur die Festhaltung seiner Idee und die technische Ausführung entscheiden soll, weshalb schlägt man denn aus dem Kunstrichter sofort in den Sittenrichter um, wo ein obszönes Gemälde die herrschende Heuchelei auf die Probe stellt? So wenig hier die schöne Ausführung mit der dargestellten Lasterszene versöhnt, so wenig kann sich ein Freund des humanen Fortschritts durch die

Meisterhaftigkeit des Pinsels damit versöhnen lassen, daß derselbe sich durch Anfertigung eines Schlachtgemäldes zur Propagirung der Barbarei, oder durch Schaffung eines Altarbildes zur Förderung der Glaubensdummheit hergibt. Und in dieselbe Kategorie gehören die Poeten mit ihrem stupiden „Schlachtgesang" und „Schwerterklang", die Bildhauer mit ihren säulengetragenen Despoten und die Musiker mit ihren kniefällig stimmenden Hymnen und Oratorien. Ich mögte der Kunst nicht die Fessel der Foberung anlegen, nur Werke mit einer humanen Tendenz zu schaffen; aber sie sollte sich jeden Falls zum Gesetz machen, nicht die entgegengesetzte Tendenz durch ihre Schöpfungen zu förbern.

Die Humanität ist eine Friedenstifterinn, aber der Friede ist nur zu erringen durch Kampf und welche Kampfweise sie in jedem Fall zu wählen und wie sich ihre Kämpfer in allen Lagen zu verhalten haben, ist eine eben so wichtige wie schwierige Frage. Wer die gewaltige und vielgestaltige Gegnerschaft der Humanität mustert, dem wird es sofort klar werden, daß in ihren Kämpfen die Bewahrung des Gleichmuths mitunter eben so schwer sein muß wie die Erringung des Siegs und daß die Kampfweise häufig kontrastiren muß mit dem proklamirten Zweck. Hartnäckiger Widerspruch gegen ausgemachte Wahrheiten ermüdet die Gedulb; absichtliche Mißbeutung der besten Absichten versetzt in feindliche Stimmung; boshafte Verfolgung wegen Vertretung einer gerechten Sache schärft die Waffen der Abwehr. Der offene Widerstand fobert heraus, der versteckte reizt, der unerwartete erbittert. Zuletzt bringt sogar die stete Kampfnothwendigkeit und lange Kampfgewohnheit die Gefahr mit sich, das Kämpfen und bekämpfen wie einen Zweck festzuhalten statt es immer bloß als Mittel anzusehen. Niemand kommt so oft in Versuchung, inhuman aufzutreten, oder dem Unmuth nachzugeben, Niemand hat so viel Humor als Antidot zu verbrauchen wie ein Kämpfer für Humanität, zumal wenn er sich nicht vor der Schwäche zu hüten weiß, die in der Natur der Dinge begründeten, also unumgänglichen Schwierigkeiten des Fortschritts als böswillig bereitete Hindernisse, oder ihre verzögerte Ueberwindung als Beweis der Unmöglichkeit aufzufassen. Solche Schwäche hat schon manchen Freund der Humanität nicht bloß von Verfolgung seines Ziels abgeschreckt und zu unthätiger Verzweiflung gebracht, sondern auch gradezu mit Menschenhaß erfüllt, oder in einen abgeschlossenen Egoisten verwandelt. Der sicherste Schutz gegen solche Verzweiflung ist die aus dem Studium der Menschennatur und der Geschichte geschöpfte Ueberzeugung, daß die dem Menschen inwohnende Anlage sich mit unabwendbarer Nothwendigkeit zur Humanität entwickeln m u ß, mithin jedes Streben in dieser Richtung den rechten Weg verfolgt. Es kann also höchstens ein Zweifel entstehen über die rechten Mittel zum Zweck und auch dieser Zweifel würde bald schwinden, wenn die Humanität nicht außer dem geistigen auch **gewaltsamen Widerstand** zu überwinden hätte. Dadurch kommen wir auf die Frage, ob sie, die Gegnerinn aller Gewaltanwendung, zu gewaltsamen Mitteln greifen dürfe. Ich stehe nicht an zu antworten: sie ist zur Anwendung **jedes** Mittels berechtigt wie verpflichtet, wo sie durch brutale Gewalt gehindert wird, die geistigen anzuwenden. Die Gewalt als Tyranninn des freien Geistes hebt alle humane Rücksichten auf und läßt nur die der Zweckdienlichkeit fort-

bestehen. Vor der Gewaltanwendung zurückschrecken, wo
der Zweck sie zur Nothwendigkeit und die Gelegenheit sie
möglich macht, ist eben so wohl ein Verrath an der Huma=
nität, wie die unnöthige Anwendung der Gewalt eine Ver=
leugnung derselben ist. Es mag in einer Revolution eine
schwere Aufgabe sein, beide Fehler zu vermeiden, aber der
erste ist jeden Falls schwerer zu entschuldigen und rächt sich
bitterer, als der zweite.

Doch auch beim rein geistigen Kampf ist es nicht immer
leicht, das rechte Maß einzuhalten und die rechten Waffen
zu wählen. Nicht jeder Freund der Humanität ist ein
Sokrates, zumal da nicht jeder Gegner ein Hellene ist.
Sokrates stand mitunter neun Stunden auf einem Fleck
um seine Geduld zu üben; er soll die Xantippe zum Weibe
gewählt haben, um die schwere Kunst der Ertragung frem=
der Unausstehlichkeiten zu lernen. Vielleicht wäre selbst
er in unsern Tagen mit seiner Geduld wie mit seiner Er=
tragungskunst gescheitert, wenn er mit Unterthanen und
ihren Herrn in Europa, oder mit „Editoren" und großen
Männern in Amerika zu thun gehabt hätte.

Als eine Hauptpflicht der Humanität ist von hervorra=
genden Geistern die Toleranz, speziell in religiösen Dingen,
aufgestellt worden. Voltaire hat ein dickes Buch darüber
geschrieben und Lessing hat in seinem berühmtesten Drama
Propaganda dafür gemacht. Mir erscheint die Toleranz
in der Ausdehnung, worin sie gewöhnlich verlangt oder
geübt wird, als ein Verrath an der Wahrheit. Man ver=
langt entweder ein Friedensverhältniß zwischen verschiede=
nen, einander ausschließenden Irrthümern, oder die Neu=
tralität der Wahrheit gegen die Lüge und nennt das To=
leranz. Die Humanität mag gegenseitige Nachsicht für

persönliche Schwächen, sie mag Verzeihung persönlicher Beleidigungen, sie mag sogar gelegentlich Hülfeleistung für persönliche Feinde verlangen, aber niemals kann sie ein Gebot der Duldung auf Kosten der Wahrheit aufstellen, so wenig wie auf Kosten des Rechts. In diesem Gebiet kenne ich keine andere Toleranz, als Zuerkennung und Achtung des Rechts j e d e r Meinung, sich frei auszusprechen und jede andre, die ihr entgegentrit, eben so frei zu bekämpfen. In andrem Sinne tolerant sein heißt reaktionair sein, heißt den Irrthum und die Lüge unter den Schutz eines Privilegiums stellen, das die Bedingung alles Fortschritts, den Kampf, unter falschen Vorwänden ausschließen würde. Der religiöse Glaube hat so wenig, wie irgend eine andre Geistesrichtung und Geistesäußerung, Anspruch auf Schutz vor Widerspruch und Angriffen, ja er soll ihnen in erster Reihe ausgesetzt sein, weil seine Irrthümer tiefer haften und weiter reichen, als alle andren. Nur was sich im Geisteskampf bewährt, hat ein Recht auf die Existenz. Die Humanität kann nichts weiter verlangen oder zugeben, als daß der Kampf auf allen Seiten nach gleichem Recht, mit gleicher Freiheit geführt und vor brutaler Einmischung gesichert werde. Das ist die einzige zu rechtfertigende Toleranz. Der Katholik soll dem Protestanten, der Protestant dem Juden, der Atheist jedem Beliebigen gestatten, „seinen Gott" zu verehren nach Herzenslust, aber Jeder soll es nicht bloß als sein Recht, sondern auch als seine Pflicht ansehen, den Gott des Andren geistig zu entthronen, wenn seine Ueberzeugung ihm sagt, daß er fallen müsse. Eine wirkliche Ueberzeugung k a n n nicht tolerant sein, so wenig wie das Prinzip, dem sie dient. Sie wird, sie muß bekämpfen, was ihr wider-

spricht. Nur die Halbheit oder Konfusion kann Toleranz
predigen. Der Katholik verschmäht sie wie der Atheist,
weil beide etwas Ganzes sind, und sie werden auf dem
Grabe des zwitterhaften, toleranten „Rationalismus" um
die Weltherrschaft zu kämpfen haben. Dabei ist nur auf
den unterscheidenden Umstand zu achten, daß der Atheist
für den Angriff niemals eine andre Waffe anwendet oder
verlangt, als das Wort und die Feder, während die allein
seelig machende Liebe unter Umständen, wo sie durch keine
physische Gewalt im Zaum gehalten wurde, in der Regel
eine absonderliche Vorliebe für Pflastersteine, Knittel, Ker=
kerlöcher, Stech=, Kneif= und Reck=Instrumente, namentlich
aber für Bratfeuer an den Tag gelegt hat.

Doch das Gebiet der Toleranz erstreckt sich weiter, als
auf das Feld der Religion. Man wird zugestehen, daß
die Humanität Verstand erfodert. Damit ist ihr aber die
Verlegenheit bereitet, sich mit dem Gegentheil von Ver=
stand abzufinden. Wie soll sie es behandeln? Welche
Stellung hat die Humanität gegen die vielbesprochene
und vielvermögende Macht einzunehmen, die wir D u m m=
h e i t nennen? Eine freundliche sicher nicht; aber wozu
nützt die feindliche? Daß „mit der Dummheit die Götter
vergebens kämpfen", worüber man sich früher gewundert
und geärgert hat, wird heutzutage Jeder in der Ordnung
finden, der darauf hält, daß die Söhne sich nicht gegen
ihre Mutter auflehnen; für uns liegt der Aerger darin,
daß eben so vergebens die M e n s c h e n mit ihr kämpfen.
Und doch ist dieser Aerger im Grunde eben so unvernünftig
wie der Kampf vergeblich ist. Die Schuld liegt daran,
daß der Verstand in der Regel dumm genug ist, die
Dummheit für verständig zu halten. Er traut ihr die

unmögliche Fähigkeit zu, sich selbst zu beurtheilen und zu verurtheilen. Wenig Menschen haben Verstand genug, die Dummheit ganz zu begreifen, weshalb sie meistens da eine Absicht voraussetzen, wo sie es nur mit einer Unfähigkeit zu thun haben. In Dingen, die nach unserer Ansicht sofort jedem Kinde einleuchten müssen, fällt es uns schwer an ehrliche Blindheit zu glauben, weshalb wir entweder Verstellung voraussetzen, oder Faulheit, die Augen zu öffnen. Ist es aber nicht grausam, das Unvermögen als bösen Willen zu verfolgen, das Unglück als ein Unrecht zu behandeln und eine Verantwortlichkeit zu schaffen für Unmöglichkeiten? Ist es human, einen Menschen dafür verantwortlich zu machen, daß seine Mutter ihn mit einem Schädelumfang von 18 statt von 24 Zoll auf die Welt gesetzt hat? Die Dummheit sollte eigentlich dem humanen Beurtheiler, was man so nennt, heilig sein und vielleicht würde sie es sein, wenn sie sich nicht gegen ihre ehrliche Anerkennung empörte. Aber wer die Dummheit schont weil sie dumm ist, beleidigt sie eben so sehr, wie wer sie bekämpft weil sie nicht gescheidt ist. Sie läßt sich so wenig Mitleid wie Großmuth gefallen und ist das einzige Unvermögen in der Welt, das sich nicht passiv verhält. Das hat Huß auf dem Scheiterhaufen erfahren und wenn es in seiner Lage groß war, die sancta simplicitas zu bemitleiden, die das Feuer zu seinen Füßen schürte, so wird er es doch als überflüssig erkannt haben, daß die sancta simplicitas die Macht hatte ihn lebendig zu verbrennen. Die Dummheit hat immer Verstand genug, um selbst als Verstand gelten zu wollen und den wirklichen Verstand zu hassen. Dadurch wird sie prätensiös, herausfodernd, polemisch und mit ihr Frieden zu schließen hat der Verstand

kein andres Mittel, als das unmögliche, sich ihr freiwillig
zu überliefern. Die Dummheit sollte im Grunde nur
gutmüthig und genügsam sein, aber sie ist boshaft und
herrschsüchtig ohne Grenze, namentlich wenn sie studirt hat
und ein Kreuz in der Hand trägt. Sie strebt grabezu nach
der Weltherrschaft und dadurch hält sie den Verstand be=
ständig auf den Beinen. Sie zwingt ihn zur Thätigkeit,
wofür er sie endlich zwingt, sich selbst zu Fall zu bringen
durch Das, wodurch sie ihn zu vernichten sucht. Die
Dummheit stirbt nur durch Selbstmord und das ist eine
weise Einrichtung. Könnte der Verstand sie direkt tödten,
so stände er bald allein. Die Dummheit ist bis zu einem
gewissen Grade nöthig, sie ist das Futter und stimulans
des Verstandes, — das ist der humanste Gesichtspunkt,
den ich für sie aufzustellen weiß. Sie ist die hemmende
Macht, welche den Verstand auf die Probe stellt und zur
Mäßigung nöthigt. Wären wir sie vollständig los, gäbe
es nur Verstand in der Welt, wir würden vor lauter Ver=
stand „des Teufels werden" und am Ende auf das Beten
verfallen: Herr, gib uns ein wenig Dummheit zurück!

Schwerer, als die Verwerthung der Dummheit, fällt
der Humanität die Nutzverwendung einer verwandten
Macht, nämlich der Gemeinheit. Wenn jene, dem Kopf
entsprungen, bloß geistig widersteht, so widersteht diese,
aus Gesinnung und Geschmack hervorgehend, zugleich sitt=
lich und ästhetisch. Sie ist die Leidenschaft des Niedrigen
und Häßlichen, sie haßt das Edle und das Schöne, wie die
Dummheit die Aufklärung und Erkenntniß haßt. Noch
unheilbarer, als diese, ist sie zugleich hassenswerther und
widerwärtiger, weil sie gewissenloser und schmutziger ist.
Die Dummheit kann einiger Maßen respektabel sein, sofern

sie ehrlich ist; die Gemeinheit ist stets auch unehrlich und ehrlos. Jene kann eine gewisse Sympathie erregen durch Lächerlichkeit; diese kann selbst des Benefiziums der Lächerlichkeit niemals würdig sein und nur den Ernst des Abscheus herausfodern. Es gibt keine Betrachtung, keine Auslegung der menschlichen Natur, welche das Verdammungsurtheil gegen die Gemeinheit zu mildern vermögte, Versöhnung mit ihr ist eine Unmöglichkeit und das Meiden des Abscheus, oder schonungsloser Vernichtungskampf ist die einzige Wahl, die sie der Humanität übrig läßt. Ohne Dummheit könnte die Menschheit nicht bestehen; wozu sie aber auch mit der Gemeinheit behaftet ist, wird selbst dem scharfsinnigsten Zweckberechner schwer sein herauszufinden, wenn sie nicht etwa den Zweck hat, den sittlichen und ästhetischen Ekel lebendig zu erhalten. Für diesen Zweck aber würde eine geringere Zahl von Funktionairen vollkommen genügen, während jetzt die Masse ihrer Leistungen das Gefühl gegen ihre Wirkung abstumpft.

Nun aber, Göttinn der Humanität, hilf mir das Maß von Toleranz finden, welches wir denjenigen Mitmenschen schulden, die inoffensiv unserm Geschmack widerstehen, deren unglückliche Persönlichkeit uns durch kein sympathisches Gefühl erträglich wird, deren bloße Gegenwart uns peinlich ist, die aber gar als Freunde uns wahrhaft zur Verzweiflung bringen und uns den Wunsch eingeben könnten, sie zu Feinden zu haben, um von ihnen erlös't zu werden. Es gibt Menschen, deren bloße Physiognomie oder Stimme uns verscheuchen kann; es gibt Menschen, deren Ideenwelt der unsrigen so unendlich fern liegt, daß die Unmöglichkeit einer Annäherung uns von jedem Versuch dazu abschreckt; es gibt Menschen, welche von dem Eindruck ihrer Persönlichkeit so wenig eine Ahnung haben, daß sie grade ihre unerträglichsten Eigenschaften mit der größten Vorliebe herauskehren; es gibt Menschen, welche in der Unterhaltung so wenig ein Maß wie einen Unterschied kennen; es gibt Menschen, welche mit ihrer Virtuosität im Langweilen auch den Genügsamsten zum Märtyrer machen können. Wir alle wissen, was es heißt, auf dem Spaziergang oder am Erholungstisch von einer Gesellschaft heimgesucht zu werden, die uns belehrt, daß heute die Sonne scheint, daß es gestern geregnet hat, daß der Frühling vor dem Sommer kommt und uns nach überstandener Belehrung gründlich examinirt, was wir selbst über diese unerschöpflichen Themata für Gedanken haben; wir wissen, was es heißt, im Post- oder Eisenbahnwagen an einen Nachbar gefesselt zu sein, der trotz oder gar wegen unserer Einsylbigkeit nicht nachläßt, uns polizeimäßig auszuforschen, woher wir kommen, wohin wir gehen, welches Geschäft wir treiben und wo wir schon gegessen und geschlafen und gewohnt haben; kurz wir wissen, was es heißt, in eine Lage zu kommen, wo uns nur die Wahl bleibt, entweder Opfer und Märtyrer fremder Zudringlichkeit und Unterhaltungsgabe, oder s. g. Grobian und Flegel zu werden. Wir alle haben Exemplare jener Menschenfreunde kennen gelernt, die man auf Teutsch Klebpflaster und auf Englisch boro nennt. Wie sollen wir alle diese Mitmenschen behandeln, die ohne ihre Schuld uns maltraitiren, aber ohne unsre Schuld uns unausstehlich sind? Wer ihnen gegenüber Geduld behält, verdient eben so sehr bewundert, wie Derjenige, der sie verliert, verdient entschuldigt zu werden. Sicher aber werden die Meisten von uns sich lieber entschuldigen, als bewundern lassen.

Die **kämpfende** Humanität hat ihre Proben zu bestehen, aber die **duldende** mitunter nicht weniger und man wird sie nicht herzlos nennen, wenn sie sich mit dem Stoßseufzer Luft macht:

Leicht ist's, die Menschen zu verjagen,
Auch ist's nicht schwer, sie todtzuschlagen,
Das Schwerste ist, sie zu ertragen.

*

Hiermit breche ich ein Thema ab, das sich eher in einem Buch, als in einer Vorlesung, angemessen behandeln läßt. Zum Schluß noch ein Wort speziell für die Teutschen.

Die Humanität, deren allgemeine Tendenzen durch das Wort Humanismus umfaßt werden, läßt sich als System behandeln und ein System duldet keine Lücken. Sie vollständig zu fassen und darzustellen, wird daher auch nur Denen möglich sein, welche bestrebt und im Stande sind, systematisch und umfassend zu denken. Dieß führt von selbst auf die Frage, wo die wahre Humanität zuerst ihre Heimath finden werde und welches Volk zu ihrer Darstellung das geeignetste sei. Wenn wir die oben aufgestellten Grundbedingungen festhalten, müssen wir zu der Erkenntniß kommen, daß für die Humanität noch keine sichere Heimath gegründet ist. Wo sie die äußere Freiheit zur Einkehr findet, fehlt die innere zu ihrer Beherbergung; wo die innere ihr die Arme entgegenstreckt, wird sie durch die äußeren Feinde vom Eingang zurückgescheucht. Und wo sie nach allen sonstigen Möglichkeiten auf einen würdigen Empfang sollte rechnen können, da kommt ihr die Verzweiflung statt der Erkenntniß entgegen und ruft sie zu Hülfe mit dem beleidigenden Namen **Nothwendigkeit**.

Wo könnte die Humanität eher hoffen ihr Reich zu gründen als in dieser Republik, welche sich aller Hülfsmittel der Freiheit erfreut und eben erst das große Werk der Abschaffung der Sklaverei vollbracht hat? Halten wir einen Augenblick dieses Beispiel fest, um unsre Frage in's Licht zu stellen. War es die Humanität, welche die Sklaverei abschaffte? Ihr Todesurtheil wurde nothgedrungen von derselben Hand geschrieben, welche gleichzeitig eine zweite Feder geschnitten hatte, um ihr einen neuen Lebenstitel auszustellen. Die berühmte Lincolnsche Proklamation, welche nicht einen humanen Buchstaben enthält, räumte der Sklaverei „eine volle Periode von 100 Tagen" als Rettungszeit ein und verfügte dann die Abschaffung der widerspänstigen bloß als „eine geeignete und nothwendige Kriegsmaßregel zur Unterdrückung der Rebellion". Kein Paragraph der Konstitution, auf welche sie hinweis't, hinderte ihren Verfasser, sie mit dem Ausdruck eines humanen Motivs zu beseelen. Seinem Akt fehlte dieß Motiv, weil es seiner Gesinnung fehlte, und nicht der seinigen allein Die Mehrzahl selbst derjenigen Partei, welche die Sklaverei abgeschafft hat, würde sie ruhig haben fortbestehen lassen, **wenn sie keine andre Rücksichten gegen sich gehabt hätte, als die der Humanität.** Und so wurde denn einer der berühmtesten und folgenreichsten Akte der Humanität vollbracht **ohne Humanität.** Man kann daher auch nicht sagen, daß das amerikanische Volk seit Abschaffung der Sklaverei innerlich humaner geworden: es hat bloß eine Gelegenheit verloren, die Inhumanität zu pflegen und zu üben.

An diesem Beispiel erkennen wir die Nichtigkeit des humanen Scheins und die innere Werthlosigkeit von Handlungen, die nicht einer konsequent humanen Gesinnung und einem umfassend humanen Bewußtsein entspringen. Sie werden in einem Falle so, aber in einem ganz gleichen ganz anders ausfallen. Die Lücken des Denkens füllen sich aus entweder mit Thorheiten oder mit Rohheiten. Und in keinem Lande finden wir nach Verhältniß mehr Denklücken, als in dem „freien" und „praktischen" Amerika, dem nämlichen Amerika, das mit seinem lückenhaften Denken Republik und Monarchie auf dieselbe Stufe der Berechtigung stellt, das im Innern eine Monarchie ausbildet ohne es zu wissen und sich nach Außen seine Politik von Fürsten vorschreiben läßt ohne sich zu schämen, das Aufhebung der Demokratie für Demokratie hält, das religiöse Tyrannei mit Religionsfreiheit kuppelt und unter Religionsfreiheit die Freiheit der Religion versteht, alle Freiheit aufzuheben.

Diesem defekten und lückenhaften Denken der Amerikaner stelle ich das konsequente und umfassende der Teutschen gegenüber. Dieses Denken, verbunden mit einer idealen Gemüthsrichtung, sollte grade unsre Landsleute qualifiziren, vorzugsweise als Vorgänger und Vorkämpfer der Humanität aufzutreten. Und verlangen sie dabei nach einer Fahne, so hat der teutsche Radikalismus ihnen längst gezeigt, welche Farben sie hat.

Was ist Humanität? Letzte Antwort: **Der vielgeschmähte teutsche Radikalismus.**

Die Antwort ist allerdings kurz und leicht in Worten, aber sie ist es nicht in der Durchführung durch alle Verhältnisse des Lebens. Diese kann nur erleichtert werden durch die Zahl und das Zusammenwirken Aller, die ihre Berechtigung nicht bestreiten können. Die Aufgabe der

Humanität ist um so schöner, aber auch um so unabweis=
barer, je schwerer sie ist. Der Mensch ist ein mächtiges
Wesen und hat schon Manches vollbracht, das als Unmög=
lichkeit erschien. Er hat Berge versetzt und Seeen ausge=
schöpft; er vernichtet Raum und Zeit zu Wasser und zu
Lande und wird sie auch in der Luft vernichten lernen; er
blitzt seine Gedanken im Nu um die Erde und mißt die
entferntesten Riesensterne auf einem Stück Papier. Was
aber diesem mächtigen Naturbeherrscher, der so schwere
Probleme mit Leichtigkeit lös't, am Schwersten wird, das
ist, er selbst, nämlich — ein M e n s ch z u s e i n.